KB048090

큰 보자기

저자소개

김상길

- 「소년」에서 동시, 「시문학」에서 시로 문단 데뷔
- 여의도순복음교회 홍보국장, 부목사 역임
- 오산리최자실기념금식기도원 원장, 순복음신학원 학장 역임
- 국민일보 종교국장, 논설위원, 상무이사 역임
- (현) 대전순복음교회 담임

수상
- 목양문학상, 기독문화대상(문학부문)

- 저서
  시 집『숨겨둔 빗장』, 『깃발나무』
  칼럼집『겨자씨』, 『영상QT 칼럼』

김상길 시집

큰 보자기

도서출판 한글

序文

대전으로 사역지를 옮겼다. 원심력에서 이탈한 두려
움은 낯선 것들에 대해
'격차의 섭리'를 깨닫게 해주었다.

대전을 관통하는 내(川)가 흐른다.

유등천(柳等川).

'버드나무 무리'가 있는 내'다. 버드내 길을 걸으며
'황혼의 노래'를 불렀다. 버드내는 한동안 나의 명분
을 불편하게 했다. 그런데 언제부터인가 의식의 전
환, 정감의 발성, 관성의 보행에 유연한 대응을 주
었다.

곡선의 나무와 순리의 물길은 분실한 품목들을 자꾸
떠올리게 했다. 성찰은 늘 기회였다. 유등천에서 나
의 언어는 정체를 조금씩 드러냈다.
낯선 게 감사할 때가 있는데 지금이 그렇다.

그렇다고 전 존재의 외등(外燈)이 아님을 안다.
그러나 낯선 대면에 감사하며 곡선의 이치를 따르려
고 한다.

획리무애(獲利無涯).
'이로운 것을 얻으니 기쁨이 끝이 없다' 이 말은 '곡
선의 섭리'를 얻은 나에게 주는 메시지다.

뒤늦은 자책이 언제나 삶의 뒤켠에 자리 잡고 있었
다. 이번에도 뒤늦게 시집을 낸다. 자책하면서도 섭
리의 손길에 맡긴다. 나는 '섭리의 언어'가 시라고
믿는 믿음에 변함이 없다.
출판을 서둘러주신 도서출판 한글 심혁창 대표께 고
마움을 전한다. 이탈음을 내는 내 노래를 그래도 함
께 불러주는 분들이 있어 나는 하늘을 보며 행복하
게 섭리를 노래한다.

- 가을의 유등천에서

목 차

1부
소리치는 별

문 앞에서

문을 엽니다
아픔의 까닭을 엽니다
기다림의 이유를 엽니다

하늘의 침묵은 일상이 되었고
지상의 외침은 계절이 되었습니다

눈길 닿는 곳에
무수한 시계들이 있었지만
내 시간이 없었습니다

저물어 가는 때
문을 엽니다

그러면 방울소리와 함께
낙타를 타고 오는 선물을
만날 수 있을까요*

뒤늦게 문을 엽니다
세상을 엽니다
세상의 수용을 엽니다

* 창세기 24:63
'이삭이 저물 때에 들에 나가 묵상하다가 눈
을 들어 보매 낙타들이 오는지라'

이 시작은

무엇일까
길이 끝났다고 멈추었는데
다 왔다고 뒤돌아섰는데
새로 열리는 낯설지 않은 이 길들은

무엇일까
하늘이 첫 대면처럼 설레는 것은
양떼구름이 몰려와도
어지럽지 않고 눈부신 새요일의 이 아침은

무엇일까
아직도 펄럭이는 깃발은
갈잎을 흔들던 미풍도 지나갔는데
살아 있다고 세차게 흔드는 이 손은

무엇일까
분실물을 되찾은 이 선물은
겨울의 남루한 고통들 사이에서
봄의 의상처럼 도착한 이 물음표는

무슨 축복인가, 이 시작은

두 종족의 그림자

나의 그림자에 유목인이 기웃거린다
변방으로 떠도는 발길
익숙한 아픔은 자꾸 모래 언덕을 만들었다
사막엔 밤하늘의 별만이 살아 있다
낙타 등이 갈수록 좁아졌다

이방인은 그림자에서 마른기침을 한다
중심을 찾는 발길
낯선 만남은 자꾸 여러 갈래의 길을 만든다
거리엔 미등록의 이름들이 산재해 있다
더듬는 말에 사람들이 등을 돌렸다

실체를 수긍하기까지
얼마큼의 두려움을 감수해야 하는 것일까

떠돌이는 표적
낯선 이는 망각

그것은 치사량의 두려움이다
그러나 두 그림자를 받아들이기로 한 것은
사막에서도 길이 있다는 것과
거리에도 새로운 이름을 나누어 주는 사람들이
있다는 것을 알았기 때문이었다

무엇보다 두 그림자를 인정하게 된 것은
사람들에게도 두 실체가 있다는 것을
확인하고 나서부터였다
나보다 크고 작은
유목인과 이방인이 그림자에 조용히
기숙하고 있었다

그림자는 더 이상 그림자가 아니었다

간격의 고통

하늘이 어느 때는 작고 좁아 보여도
사막의 이슬 같은 눈물을 닦아주는
파란 손수건입니다
모퉁이 길에서 유난히 넓어 보이는 품입니다

벌판이 때로는 다다를 수 없는 거리의 한계 같아도
독도법을 잃고 나서 찾게 되는 재회입니다
두고두고 기억되는 자유입니다

지상의 보석이
당당하게 빛나기까지
깊은 땅속에서 풍화된 이유가 있습니다

지금 간격의 고통이 고마운 것은
하늘이 지상의 시야를 다스리고
벌판이 자유를 인도하고
보석이 지하의 광채를 내기 때문입니다

고통은 본연의 모습을 찾아주는 것
낙엽을 치우고
빈 가지를 걷어낸 자리
박새의 빈 둥지가
아픈 낮달처럼 나타나듯이

그 빈 둥지 속에
거절할 수 없는 하늘과
거칠 것 없는 벌판과
가릴 것 없는 보석이 담겨 있습니다

은혜로운 목가(牧歌)가 울려 퍼집니다

명작의 후기(後記)

기쁨보다 슬픔이 먼저 온다
대가보다 상처가 먼저 온다
소유보다 체념이 먼저 온다

올 때는 기적도 없다

명작의 후기(後記)처럼
환희의 아침이 오고
광야의 식탁이 오고
은총의 축제가 와서

먼저 오는 것들을 거부할 수 없다

대열을 이루면서 진군하는 분노
희망이 산패(酸敗)되면서
일용할 노래를 잃었다

이제는 동면 이후
곰취 잎사귀를 찾는
야생의 첫 눈길로

먼저 오는 것들에 대한
섭리를 본다

가련한 흔적

구두수선을 하다 보았다
구두밑창을 뜯어 보니
한 움큼 되는 곰팡이 뭉치가
발끝 안쪽에서 밀생하고 있었다

수선하던 사람이 말했다

남자들의 구두가 다 그래요
모르고 다녀요

한 움큼의 상처와 증오
떼어버릴 수 없는 생존의 홀씨

은밀한 거래와
치열한 보행이 이어졌다

소유를 위한 전진과

타협을 위한 후퇴가 반복되었다
볼 수 없는 곳에서
늘 동행하는 가련한 흔적

기억은 늘 아파한다

기억의 통증은
매번 반복한다

기억은 신음한다
뒤척이며 실리(實利)를 거부한다

자꾸 눈을 부릅뜨고
날카로운 발톱을 드러낸다

기억은 결별할 수 없다
담쟁이의 뿌리처럼
정면에 달라붙어 있다

담쟁이의 뿌리는
동면도 하지 않는다

기억의 습격은 집요하다

별의 모습

별은
소리 내지 않고 반짝인다

사람들마다
별을 품고 겨우 숨을 쉬며 살아가는데

별은
아픔만 반짝인다

별은
큰 바위 얼굴이 아니다
겨울에도 피는 꽃이 아니다

그래도 별은
소리 내지 않고 반짝인다

아니

큰 바위 얼굴이 무참히 사라지고
꽃이 무더기로 배신하며 떨어질 때

별은
소리치며 반짝인다

노을의 모습

출연자는 슬픈 기색을 하며
서둘러 무대를 떠나지 않았다

갈채 속에
재회를 약속하며 답례를 한다

시선은 청중 너머
조명을 향하고

늘 그랬듯이
환한 소멸이다

낡은 기별을 예고하는 것을
한 번도 본 일이 없다

아슴하게 번지는 축복을 남기면서

분명히 지킬 약속을 한다
노을은

바람의 모습

꽃향기를 날리는 것은
바람의 모습이 아니다

숲에서 노래하는 것이
바람의 모습이 아니다

강물에서 춤추는 것도
바람의 모습이 아니다

모든 빈틈으로 들어와
웃고 있는 것마저
바람의 모습이 아니다

언제 어디서 불어오는지도 모르게
맞설 수 없는 운행으로
봄의 꽃을 떨어뜨리고
여름의 숲을 쓰러뜨리며

가을의 강물을 헤집고
겨울의 빈틈을 넓혀

약속의 땅에서 맞은
첫 아침을

온몸으로 느끼게 해 주는 것
바람의 모습이다

길의 모습

길은 크신 이의 손길로
처음부터 이어져 있었습니다
길엔 은혜로운 꽃씨가 있고
서로의 하늘이 머물러 있습니다
이 길에서는 어두울수록
별이 더 밝아 보입니다
언어는 꽃에 담긴 아침 햇살 같고
믿음은 개인 날 아침에 퍼지는
소년소녀 합창 같습니다
길은 존재의 탯줄
모든 길은 끝나지 않고 이어집니다
천상까지

섬의 모습

이 바다 위에
또 하나의 섬이 떠오른다
해조(海鳥)들이 축전(祝電)처럼 날아오고 있다
꽃들도 일제히 불을 켠다
그 어떤 바람도
이 꽃을 소등(消燈)할 수는 없다
이 섬에 비로소 정착하는
어부와 해녀
이제 어부가 잡는 행복과
해녀가 캐는 꿈으로
이 섬은 등불처럼 빛날 것이다
그들은 이따금 기상 이상으로
파산되어 표류하는 사람들도 데려와
보살펴 줄 것이다
이 바다 위에 있는 많은 섬들이
다 빛나는 것은 아니다
선택의 은총을 입은 섬은 따로 있느니

이 섬은 아침마다 새로 태어나면서
선택의 은총을
이 바다 위에서
조용히 증거하리라

나이테의 모습

언제쯤 가뭄과 흉년으로 시달렸는지
그래서 왜 그 해에는
이전보다 많은 열매를
주변의 양식으로 떨어뜨려야만 했는지
어머니의 눈빛으로 보여준다

어떤 강풍이 지나갔는지
생사의 갈림길에서 얼마나 몸부림쳤는지
옹이가 왜 생겼으며
그 옹이가 목수의 손에서
어떻게 조선의 목가구 중심 무늬로
탄생되었는지
수도사의 목소리로 들려준다

언제쯤 풍년이 들어 안정을 되찾았는지
새들에게 둥지를 내주어 얼마나 행복했는지

무슨 별을 보고 꿈을 꾸었는지
어떤 꽃을 설레었는지
은퇴한 가객처럼 노래한다

2부
사시나무 숲을 밟는 발자국 소리

큰 보자기

그 안에는
설움과 아픔과 후회가 있다

비겁한 타협
당당한 증오도 있다

땅에 있는
각종 네 발 가진 차별과

기는 변명과
공중에 나는 허영이 있다*

한 번도 그친 적 없는 망설임과
설익은 꿈도 있다

꼭 그래야만 했느냐는 질문과
그럴 수밖에 없었다는 고통이 있다

황금빛 큰 보자기는
그걸 다 품고 있다

용량이 초과된 적이 없다
품으면 품을수록
보자기의 네 귀퉁이가 늘어났다

큰 보자기는 매일 내리면서
나 같은 사람도 품어준다
지상의 모든 파편들을
부드럽게 감싸준다

* 사도행전 10:11
'하늘이 열리며 한 그릇이 내려오는 것을 보
니 큰 보자기 같고 네 귀를 매어 땅에 드리
웠더라'

낮을 벽으로 향하고

왕은 병들자
낯을 벽에 대고 통곡했다*

이렇게 높은 장벽이 있을까
이렇게 넓은 거울이 있을까
이렇게 강한 저항이 있을까

때때로 낯을 벽으로 향하고
너와 대면한다

어릴 때
종이비행기를 날리며
뭉게구름을 보던
네가 아니다

이렇게 높은 차이가 있을까
이렇게 넓은 상처가 있을까

이렇게 드센 부정(否定)이 있을까

벽은 늘상 제국처럼 서있다

* 열왕기하 20:2
'히스기야가 낯을 벽으로 향하고 야훼께 기도
하여 이르되'

사시나무 숲을 밟는 발자국 소리

슬픔이 기습하려고 할 때
침착하게 기다려라

그러면서 때를 물어라
언제 정면에서 공격할까를

그때의 현상은 이렇다
사시나무 숲을 밟는 발자국 소리*

그것은 먼저 가서
적군의 진영을 치는 하늘의 징조

사시나무 숲을 밟는
하늘의 발자국 소리를 감지하지 못하고
늘 망설였다
아니 청각장애로 들을 수 없었다

패배는 일상이 되었고
패잔병으로 체념의 골짜기에 엎드렸다

언제쯤 승전의 하늘을 볼 수 있을까

*역대상 14:15(현대어 성경)
'그 사시나무 숲 위에서 무슨 발자국 소리 같
은 것이 들리거든 공격을 개시하여라 그 소
리는 내가 사시나무 숲을 밟고 블레셋 진영
으로 쳐들어가서 너보다 먼저 그들을 공격하
는 신호다'

가을의 기도

있어야 할 곳에
여백으로 있게 해주십시오

없어야 할 곳에
이름이 남지 않게 해주십시오

받아들일 때 무릎 꿇고

거부할 때 침묵하며

떠나야 할 때
마악 피어나는 산국(山菊)처럼 웃게 해주십시오

강도의 말

형벌은 보응입니다
악행을 생각하면 당연합니다
그리스도께서 행하신 것은 옳지 않은 것이 없습니다
한 손에 묻은 타인의 피를 보면서
이런 형벌을 예상했습니다
그렇지만 다른 손에 쥐어진 소유를 보면서 애써 잊
었습니다
그런 강도였습니다
혼자 있을 때는 연약한 달팽이였습니다
아침이 두려울 때도 있었습니다
욥이 그런 말을 했던가요
내가 누울 때면 말하기를 언제나 일어날까, 언제나
밤이 갈까 하며
새벽까지 이리 뒤척, 저리 뒤척하는구나
그건 저의 인생, 저의 말이기도 했습니다
그러나 악몽도 길들여지던군요
언젠가 이런 날이 올 줄 알았습니다

한결같이 옳은 그리스도께서는 후회가 없겠지만
저는 후회합니다 용서하소서
어쩌다 옳지 않은 것이 없는 가장 의로우신 분과
옳은 것이 하나도 없는 가장 흉악한 강도가
이처럼 나란히 십자가에 달려 있게 되었을까요
예수여 당신의 나라에 임하실 때에
저를 기억해 주소서
당신이 이 땅에 계실 때
최후로 은총을 베푼 존재가 강도가 되기를
감히 바랍니다 메시아여

십자로 (十字路) 에서

패자의 눈빛이 빛난다
승자의 무릎이 겸허하다
슬픔과 함께 꿈을 메고 온 중년이
서성거린다
기도와 함께 부케를 들고 온 신부가
하늘을 본다
노인들이 주섬주섬 옷가지를 챙기고
아이들이 은어 떼처럼 몰려온다

눈물을 흘릴 때
대차대조표는 무의미하다
십자로에서 더욱 그렇다

그러나 십자로에서는 모든 것이 다 보인다

사랑을 잃을 때 십자로에 서라
자신이 타인일 때 십자로에 오라

48

십자로는 섭리의 중심이다

가야 할 곳은 언제나 십자로에 있다
십자로에서는 십자가의 노래가 들린다

그 앞에 있는 기쁨을 위하여

예고된 형극을 선택할 때가 있다
피할 수 없는 쓴잔
그것을 십자가의 길이라고 부른다
그때 사람들은 사람들이 아니다

세상은 세상이 아니다
악수는 악수가 아니다

황급하게 달아나는 배신의 등이 무섭다
애써 외면하는 문(門)들의 표정이 차갑다

주문(呪文)같은 사랑도
혈서(血書)같은 약속도

구름이나 포말처럼 흩어지고
이제 정면으로 맞서야 하는 것은
후회 없이 쓴잔을 선택한 자신과

50

참혹한 고통

그러나 예고된 형극을 선택하는 것은

수치가 담긴 쓴잔을 개의치 아니하는 것은

그 앞에 기쁨이 있기 때문이다

* 히브리서 12:2
'그는 그 앞에 있는 기쁨을 위하여 십자가를
잡으사 부끄러움을 개의치 아니 하시더니
하나님 보좌 우편에 앉으셨느니라'

처음에 만난 십자가

어떤 사명자가 길을 떠나기 전 십자가 전시관에 갔다 전사는 많은 십자가 중에서 알맞은 십자가를 선택하라고 했다 그 중에 하나를 메고 걸어봤다 그런데 다른 십자가가 더 좋아 보이는 것이 아닌가 처음에 멘 십자가를 내리고 그것을 선택했다 그러나 이번에는 또 다른 십자가가 눈에 들어왔다 이렇게 해서 십자가 바꾸기를 수십 차례 이젠 지쳤다고 생각할 때 정말 자신을 위해 만들어졌다는 생각이 들만큼 꼭 맞는 십자가를 만났다 그 십자가를 붙들었을 때 천사가 말했다 이것은 당신이 처음에 선택한 바로 그 십자가입니다 첫 선택이 은총입니다 사명자는 알았다 자신이 십자가를 선택하는 것이 아니라 십자가가 자신을 선택한다는 섭리를

설레는 은총

물길에 온몸을 맡기며
돌들에 부딪쳐도
설렘으로 노래하는 여울처럼

탄생을 위한 둥지를 찾아
어떤 바람도 두려워하지 않고
설렘으로 나는 새처럼

먹구름 너머의 하늘을 보며
조금씩 깊어지는 뿌리를 품고
설렘으로 견디는 나무처럼

반복하는 선택과 후회를
기어이 이 저녁에 붉게 물들여 놓고
설렘으로 새날을 준비하는 일몰처럼

언제나

여울이 되게 하고
새가 되게 하고
나무가 되게 하고
노을이 되게 하는 충분한 해설

설레는 나날을 주는 은총

누군가 기도한다

울지 말아라
꽃이 대신 운다
그저 꽃의 눈물을 닦으며 웃자

접지 말아라
새가 대신 난다
새의 날갯짓을 따라 오르자

닫지 말아라
누군가 대신 문을 열어 준다
피할 수 없다면 세상에 나서자

멈추지 말아라
누군가 대신 기도한다
새로운 숨결로 한숨과 맞서자

끝내

눈물은 열매가 되고
날개는 비상이 되고
창은 알맞은 하늘이 되고
기도는 뜻이 되느니

누군가 대신
지상의 맨 끝에서 서성이는 내가 된다

3부
흐린 날의 연가(戀歌)

숨어서 피는 꽃에게

꽃은 표정으로 말하지 않는다
표정은 실체가 아니다
꽃은 향기로 말하고 향기로 실체를 드러낸다
표정은 언젠가 시들지만
향기는 언제나 꽃으로 남게 한다

숨어서 피는 꽃은
변모하는 표정보다 한결같은 향기를 지녔다
정량의 빛을 받지 못해 파리한 모습이지만
이따금 대면하는 훈풍에 향기를 퍼뜨리며
개화의 치열한 내력과 줄기찬 향일성을 밝힌다

꽃들이 무더기로 노래할 때 합세하지 않고
빛날 때 줄서지 않는 것은
혼자만의 향기를 간직하고 소중하게
키우기 위함이다

짓밟혀서 퍼지는 향기는
숨어서 피는 꽃의 태생이다
모퉁이 뒤편 낯선 그늘에서
남몰래 향기를 단련하는 꽃
그 청초한 낮은음자리표

한국 범종교 성직자들의 詩
'기독교 편' 선정 詩

이슬의 말

흔적도 없이
사라지다니요
덧없이 그냥 말라버리는 줄
알았나요?
꽃이 그처럼 생기 있게 웃는 것은
나무가 그처럼 싱그럽게 팔을 벌리는 것은
스며들어
스며들어
생명을 아낌없이 주기 때문인 걸요

소리도 없이
없어지다니요
연기처럼 그냥 사라지는 줄
알았나요?

들판이 그처럼 소리치는 것은
냇물이 그처럼 춤추는 것은

스며들어
스며들어
노래로 다시 태어나기 때문인 걸요

서울 지하철 길음역 스크린도어 詩

이른 봄

아직도 풀리지 않은 시내
얼음 밑에서
깔깔거리며 흐르는
아이들 웃음소리

이제야 왔나보다고
다투어 창문을 열며
얼굴을 내밀다
파랗게 질린 잎새

언덕 위 남은 눈을
조심스럽게 치우는
해님

나뭇가지 끝에서
낙하산을 타고 내리는
물방울

소나무 숲길 사이
연기 없이 타기 시작하는
작은 진달래 불꽃

이른 봄
들길을 거닐면
발바닥을 간질이는
씨앗들의 숨소리

　　　　'소년' 동시 초회 추천 詩(1980.3)

국립중앙박물관

무슨 바람일까
통풍될 곳이라고는 출입구뿐인데
어디에서 잠입해 있다가
이토록 서늘하게 몰려오는 것일까

침식(浸食)된 왕의 기침소리
간간이 들리는
적막한 역사의 집

피를 부르던 시퍼런 칼
녹 슬은 채 잠들어 있고

수호신이 양각(陽刻)되어 있는 기와
조각난 채 함구하고 있다

토기 위로 차곡차곡 쌓이는
휴지 같은 시간

양복을 매만지며 시계를 본다
약속시간이 무슨 소용일까
나도 이 바람에 풍화되어 가는데……

시문학 초회 추천 詩(1980.5)

이 눈물이 지나가면

이 눈물이 지나가면
새로운 세상이 오겠지요

낯선 듯 돌아섰던 사람들이
다시 다가와 길을 열어주고
꽃들은 새 하늘을 품고 하늘거리겠지요

방향을 몰라 서성거렸던 것이 아닙니다
별을 못 봐 노래하지 못한 것도 아니지요
새로운 세상을 위해
침묵으로 창을 닫아 놓았을 뿐

이 눈물이 지나가면
그때는 말하겠습니다
정말 사랑했던 사람이 누구였는가를

그때는 풀리겠지요

끝끝내 남아 있던 눈초리도
포장할 수밖에 없었던 웃음도
온화한 실내의 불빛처럼
따뜻하게 풀려나갈 겁니다
누구에게나 흔적은 있는 것
그 흔적으로 사랑의 무늬를 만들겠습니다

이 눈물이 지나가면
구름처럼 웃으며
스쳐간 표정들을 말할 수 있겠지요

　　　　이욱 작곡, 가수 이용이 부른 노래 詩

고쳐 주리라

네 모든 약한 것을 고쳐 주리라

병약한 몸과 상처 난 영혼
지난날의 그 모든 아픔들도
능력의 손으로 다 고쳐 주리라

네 모든 약한 것을 고쳐 주리라
짓눌린 마음과 조각난 꿈을
비바람 파헤쳐진 삶의 자리도
사람의 손으로 다 고쳐 주리라

이제 택한 너희를 고쳐 주리라
고쳐 주리라

네 눈물 보았고
네 기도 들었으니
연약한 것 고쳐 주리라

생명 주리라
일으켜 주리라
못 자국 난 손으로
다 고쳐 주리라

소망 주리라
기쁨을 주리라
내가 너를 고쳐 주리라

극동방송 40주년 기념 전국복음성가경연대회
수상(작사상, 우정상, 인기상) 작곡 강성현

주의 궁전에 넘치는 생명의 양식

작은 여울이었습니다
작은 불빛이었습니다
작은 소리였습니다

33년 전 그렇게 시작했습니다

나사렛에서 무슨 선한 것이 나겠냐며
무지한 사람들이 수군거리기도 했습니다

가는 길이 험했습니다
비바람이 몰아쳤고
앞길이 캄캄했습니다

그러나 아브라함이 그랬듯
갈 바를 알지 못했지만, 바랄 수 없었지만
믿음으로 나아갔고 바라면서 행진했습니다

그러자 여울은 민족을 휘감고 세계를 바라보는
거대한 강물, 천상의 물줄기로 변했습니다
작은 불빛은 민족과 세계에 비추는
찬란한 은총의 횃불로 변했습니다
작은 목소리는 변방과 열방을 흔드는
웅대한 함성으로 변했습니다

에벤에셀 되신 하나님의 인도하심이었습니다
그리스도 되신 하나님의 역사하심이었습니다
보혜사 되신 성령님의 역사하심이었습니다

욥은 찬양했습니다
- 하나님은 크고 측량할 수 없는 일을 행하시며
기이한 일을 셀 수 없이 행하시나니
비를 땅에 내리시고 물을 밭에 보내시며
낮은 자를 높이 드시고 슬퍼하는 자를
흥기(興起)시켜 안전한 곳에 있게 하시느니라

이천은 기름진 쌀이 넘쳐나는 곡창
이천순복음교회는 은혜의 곡창입니다
증거하는 말씀으로 생명의 양식이 넘쳐납니다

33년 복음 증거의 사역을 지켜주신 주께서
더 큰 일을 행하라고 명령하시니
이제 한반도와 세계를 휘감는 사도행전의 강물
땅 끝까지 이르는 기드온의 횃불
주 예수여 어서 오시옵소서라고 외치는
계시록의 함성이 되게 하소서

            - 이천순복음교회 창립 33주년 기념 詩

빈 그물을 접으며

모래 위 물새 발자국을
바람이 치우고 있습니다

흔적은 사람의 가슴에만 남는 것일까요

기쁨과 슬픔
사랑과 증오
꿈과 절망이
빈손 사이로 실바람처럼 빠져나가고
섭리의 발자국이
고요히 가슴에 남아 있는 때

돌이켜 보면 세찬 비바람에
낙과(落果)는 많았어도
과실(果實)나무는 푸른 하늘 아래
그대로 있으니 감사합니다
섣부른 염려 속에서도

창을 열면 언제나 거기 별이 있었습니다
이제 빈 그물을 접으며
다시 열리는 아침을 기다립니다
위로하소서
마음이 상한 사람들을
힘 주소서
주저앉은 모두에게

다시 기회를 주소서
후회하는 모든 이들에게

국민일보 2008년 송년호 詩

숨결은 모여서

숨결은 모여서 합창이 됩니다
풀들을 일어서게 하고
단단한 빗장을 풀게 하며
가슴에서 햇살이 돋아나게 합니다

숨결은 모여서 빛이 됩니다
어둠이 소스라쳐 도망가고
눈물의 자리에 웃음이 고입니다
언제 이런 빛이 있었는지
우리의 눈에 비늘이 있었나 봅니다

숨결은 모여서 기운이 됩니다
뼈들이 살아 움직였던 것처럼
모든 자리에 생명을 줍니다
웃음 저편에 있던 아픔도
어느새 떠나고 없습니다
하늘이 열리고 기운이 쏟아집니다

골짜기에 숨어 있던
꽃들이 일제히 일어나 행진하는 것을 봅니다

싱그러운 숨결은 같은 마을에 가득합니다
우리도 같은 숨결로
새로 생긴 길을 행진합니다

대한민국 건국 60주년 60인의 詩

천지에 충만한 생기(生氣)

천지에 충만한 숨결
인화성(引火性) 바람
기도로 불을 붙이면
죄와 병폐를 태우리라

태워진 자리
푸른 생명이 돋아나리라

천지에 충만한 권세
상처를 치유하는 능력
간구하면 회복시키느니
혈관에 다시 피가 흐르고
새살이 눈물처럼 살아나리라

천지에 충만한 비둘기
그 날갯짓으로
칼이 보습으로

창이 낫으로 변할 것이며
사람들은 평화의 무화과나무
아래에서 눈물로 거둔 열매를 세어 보리라

세계성신클럽,
그 충만한 권능을 알리려 세워졌으니
이 나라, 이 민족
저 땅 끝까지
권능 있는 증인이,
생명과 회복의 바람이 되리라

      * 예레미야 23:24
      '나는 천지에 충만하지 아니하냐'
      – 세계성신클럽 창간호 詩

흐린 날에 부르는 연가(戀歌)

사람들은 창(窓)을 닫기에 바쁘고
끝내 혼자 남았습니다

낮은 비구름은
한 움큼 보이던 하늘마저 가리고
나무들의 눈길도
예전 같지 않습니다

혼자 남은 이 빈자리에서
비로소 확인하는
소중한 사랑

늘 그래왔던 것처럼
오늘도 회진(灰塵)의 뜨락에서
포기하는 법(法)을 배웁니다

강물의 색깔을 바꾸고

꽃들이 웃던 입을 다물어도
푸른 하늘은 그대로 있고
당신도 빈자리를
그대로 지키고 계시니

낮은 비구름이
세력을 확장하는 날
가르쳐 주신 대로 연가(戀歌)를 부릅니다

비록 비구름이 그대로 있고
꽃들도 침묵한다고 할지라도
베풀어주신 소중한 사랑을 간직하며
이 노래를 멈추지 않으렵니다

기독교문화대상(문학부문) 詩(2006.11)

깃발나무

바람에 쏠려 제대로 눈을 뜰 수가 없습니다
이곳 바람은 언제나 칼을 들고 쳐들어오지요
산자락 밝고 따뜻한 마음이 늘 그립습니다
그곳엔 아픔이 없겠지요
보세요 이미 한쪽 가슴을 잃었습니다
그래도 눈을 다치지 않은 건
푸른 하늘이 담겨 있기 때문입니다
가늘게 뜨고서라도 남아 있겠습니다
끝까지 남아 한쪽 가슴으로 노래하겠습니다
그래요 고도의 수목한계선
거기 웅크리고 있는 앉은뱅이 나무가
천상의 공명을 내는 현악기가 된다면서요
아침이 가르쳐준 노래로 살겠습니다
한쪽 가슴으로 부르는 이 노래가
저 가파른 기슭
숨어서 펴야 하는 들꽃
날개를 다친 후

처음으로 나는 새에게 들려진다면
들려져서 이파리가 되고
실핏줄이 된다면
여기가 소중한 터전이 아니겠습니까
푸른 하늘이 있고 노래가 있으니
버려진 나무가 아닙니다
가장 높은 곳에서 휘날리는 깃발입니다

목양문학상 수상 詩(2005.12)

4부
서로 손잡았을 때

우리가 서로 손 잡았을 때

우리가 서로 손잡았을 때
세상과 세상
길과 길이 만났다
부실한 희망과 도도한 절망의 교감
상현달 같은 웃음과 하현달 같은 눈물이 만났다

손에도 또 하나의 심장이 있었구나
흩어진 꿈을 소집시키는 분주한 박동
손 안에서 열리는 작은 음악회

이제 빈 주머니는 없다
다시 놓치지 말아야지
어떻게 얻은 기회인가
서로가 함께 하는 항해
그 어떤 바다도 두렵지 않은 출항이다

다시 손잡았을 때

다시 손잡았을 때
가녀린 손 안에서
눈물이 느껴졌다

그 눈물이면
촉촉한 생명이 되어
잎이 틈새로 나오고
꽃이 소리치듯 피고
눈물보다 큰 열매가 맺히리라

다시 손잡았을 때
따뜻한 손 안에서
꿈이 느껴졌다

그 꿈이면
눈물의 문지방을
아픔의 가슴을

너끈히 넘어갈 수 있으리라
다시 손잡았을 때
더 깊고
더 신비한
사랑이 느껴졌다

다시 손잡았을 때 (2)

다시 손잡았을 때
새로운 하늘이 펼쳐졌다
예전의 꿈이 아니었다
구름도 후회 같은 것은 없었다

다시 손잡았을 때
발걸음이 정해졌다
예전에 서성거리던 행보가
아니었다
뒤꿈치에 힘이 생겼다

다시 손잡았을 때
노래가 들렸다
예전에 부르던 노래가
아니었다
흐르는 여울처럼 자연히
흘러나왔다

다시 손잡았을 때
깊은 한숨이 나왔다
예전에 탄식하던 호흡이
아니었다
여행 끝에 돌아와 안도하던
깊은 안식이었다

다시 손잡았을 때
눈빛을 맞추었다
예전에 글썽이던 눈물은
없었다
행복한 순응이 담긴 서로였다

다시 손잡았을 때 ⑶

다시 손잡고 싶을 때
내 손이 차갑지 않기 위해
내 손부터 따뜻하게 했다
따뜻한 실내를 전해 주고 싶었다

다시 손잡고 싶을 때
내 손의 상처부터 살폈다
아픔을 알려면
나도 아파야 했다

다시 손잡고 싶을 때
딱딱해진 내 손을 풀어야 했다
굳은 채로 위로를 전할 수 없었다
위로에도 숨결이 있는 것
그 숨결을 함께 느끼고 싶었다

다시 손잡고 싶을 때

눈빛부터 새롭게 했다
손길은 눈길에서 만나는 것일까
용서가 담긴 눈빛을 나누며
손잡고 꿈길을 걷고 싶었다

이삭과 리브가처럼

푸른 초장과 어울리는 쉴만한 물가처럼
평화롭게 만나게 해주신 분은 주님이십니다

종려나무 같고 그 열매 송이 같은
사랑을 이루게 해주신 분도 주님이십니다

모두가 하나 되는 뜻의 1월
거룩한 혼인예식을 베풀어 주신 분, 주님이십니다

신랑을 축복합니다
저물 때까지 들에 나가 묵상하다가
방울 소리 울리는 낙타들과 함께 나타난
신부 리브가를 맞이한 이삭의 믿음을 내내 주소서

신부를 축복합니다
물동이를 어깨에서 내려 멀리에서 온 나그네와
낙타에게

94

마실 물을 넉넉하게 주며
신랑 이삭을 꿈꾼 리브가의 믿음을 내내 주소서

이들이 꾸민 가정은
언제나 가나의 혼인 잔치가 되어
날이 갈수록 더 좋은 포도주가 넘치게 하시고

이들이 가는 길은
언제나 야훼께서 인정하시는
의인의 길이 되게 하소서

소중한 사랑

한 움큼 불빛만으로도
주위를 합창으로 가꾸는
민들레다

한 번도 노래를 멈춘 적이 없는
숲 속의 새, 혹은 시냇물이나

간직해 두었던 진실을
아낌없이 연소해
눈물겨운 의미로 피어나는 촛불 같은

소중한 사랑을
날마다 나누어

기대가 아닌 것이 없고
용서가 아닌 것이 없고
감사가 아닌 것이 없고

노래가 아닌 것이 없고
의미가 아닌 것이 없는

일생을
주께서 주시기를

언약은 축복 속에 불 밝히며

다니던 길도 표정을 바꾸고 있네
오늘 착한 사람들의 아름다운 혼례
열린 창문에서 흘러나오는
나머지 이야기들과 청아한 연가
만남은 섭리 속에 이루어지고
언약은 축복 속에 불 밝히느니

먹구름이 비껴간 화창한 눈빛과
숲에 내리는 첫눈 같은 언어,
자신이 되어버린 의상과
이제 마악 핀 흰 백합 같은 문답

아프더라도 진실을 열고
이익이 되어도 불의를 버리는 손과
영원의 길을 차분히 걷는 발걸음을
주께서 선물하시기를

그리하여
우울한 이 땅에 희락의 집으로
메마른 이 땅에 상큼한 사랑으로 버티기를

어디에 있으나
처음 그대로

어느 사이에

어느 사이에 비바람이 그치고
초조했던 수면의 표정이 밝아졌다
국지성 호우는 왜
좁고 낮은 지대에 집중해 내렸을까
풀들이 주저앉고 창문이 흔들거렸을 때
무명의 먹구름이 더 무섭다는 것을 알았다
이제야 제자리를 찾은 풍경을 본다
친숙한 달팽이 한 마리가 산재한 사금파리 위에서도
생살을 베이지 않고 넘어가
어느 사이에 넉넉한 나뭇잎 집에 안착했다

소의 한숨

한밤중 외양간에서 주인을 만난 소는
푸 하고 한숨을 쉰다
고요한 사위를 흔드는 긴장감
초계병처럼 낯선 물체에 반응하는 것일까
선하고 큰 눈을 가져 겁이 많은 소
정체 모를 존재의 발자국 소리를 듣고 두려워하다가
주인이라는 사실을 알고 안도의 한숨을 쉬는 것이다
이제 편히 잠들어도 되겠다는
지상에서 가장 평온한 언어가
한밤중 소의 한숨이다

그러나 주인이 아니면 그런 숨을 쉬지 않는다

대추나무 꽃

작고 하얀 대추나무 꽃은
초복과 중복 말복 무렵에 핀다
무더위에서 침묵과 복종이 순연히 핀다
뒤늦게 밝혀진 순미한 결백
변명은 봄에 하는 것이 낫다
눈물을 보이는 것도 가을이 낫다
여간해서 분간할 수 없는 작은 결백의 실체
그러나 얼마나 찬연한 진실인가
나무는 결백이 밝혀진 후
비로소 용서와 꿈을 말한다
그것이 대추 열매다
가장 튼실하고 윤택한 열매는
말복에 핀 꽃이 떨어진 자리에서 열린다

낯선 계단

승강기 고장으로
이사 온 지 3년 만에
아파트 계단을 처음으로 밟았다

이방지대의 모래 바람이 불었다
양(羊) 같은 계단의 등을 밟고
가파른 어둠을 향해
오르기만 했다

목표는 10층
9층의 마지막 계단에서
낯선 나를 만났다

축가

손잡고 길을 나서면
축가처럼 내리는
햇살
마침내 정든 길 위에
깔린 순응
서로의 눈빛에 담긴
고요한 미명

들어 보아라
박수 소리 같은
숙명의 흐름을
손잡고 길을 밟으면
여울처럼
흐르는 강

산수유

다시 만날 수 있을까
만나서 노란 설움을 풀어내며
웃을 수 있을까

선택은 언제나
비겁한 그림자를 남겼다

거울 앞에 서면
줄 선 아이들 끝에서
옆으로 고개를 내미는
아이가 보였다

풍파 앞에 서면
줄 선 사람들 끝에서
무기 떨어뜨리며
뒷걸음치는 전사가 보였다

그래도 햇살은
가지 끝에서 노란 용서를 터뜨리며
괜찮다고 다독거린다
온 세상이 노란 손수건들로 덮여 있다

다시 만날 수 있을까
만나서 노란 축복을 풀어내며
웃을 수 있을까

큰 보자기

2019년 10월 05일 1판 1쇄 인쇄
2019년 10월 10일 1판 1쇄 발행
저　　자 김 상 길
발 행 자 심 혁 창
발 행 처　도서출판 한글

서울특별시 마포구 신촌로 270(아현동)
수창빌딩 903호 우 04116
☎ 02-363-0301 / FAX 362-8635
E-mail : simsazang@hanmail.net
창　　업 1980. 2. 20.
이전신고 제2018-000182
----

* 파본은 교환해 드립니다
* 정가 10,000원

ISBN 97889-7073-568-9-03130